Género Drama

I0799056

¿? **Pregunta esencial**

¿Cómo decides lo que es importante?

Cómo ATENAS obtuvo su nombre

Drama

por Dawn McMillan

Ilustrado por Maxim Larin

Personajes

NARRADOR

Cécrope, mitad hombre, mitad serpiente, que será el rey de la nueva ciudad

Dioses y diosas del Olimpo, incluyendo a:
Zeus, rey de los dioses
Poseidón, dios del mar
Atenea, diosa de la sabiduría

Ciudadano uno

Otros ciudadanos

Elementos de utilería

el tridente de Poseidón, una roca grande, jarras de agua, una semilla de olivo, un olivo

Escena uno

La ciudad nueva

En una colina rocosa en la antigua Grecia.

NARRADOR: Atenas era la ciudad más poderosa de la antigua Grecia. Su pueblo tenía un grado de civilización que todavía es admirado en la actualidad. Así es como la ciudad recibió su nombre.

CÉCROPE: (*a los dioses y las diosas reunidos*) Dioses y diosas del Olimpo, desde la cima de esta colina observamos nuestra hermosa tierra. La he llamado Cécrope en mi honor. Y ahora veo el comienzo de una bella ciudad nueva. Esta ciudad también debería llamarse Cécrope.

DIOSES Y DIOSAS: (*juntos*) ¡No! ¡No!

Queremos llamar a esta nueva ciudad en honor a uno de nosotros.

¡En honor a mí!

¡No, a mí!

La ciudad debería tener *mi* nombre.

Yo le daré el nombre a la ciudad.

POSEIDÓN: (*en la cabecera del escenario*) ¡Escuchen, amigos míos! La ciudad debería tener mi nombre. Yo soy Poseidón, dios del mar. Todos saben que el océano es muy poderoso. Esta ciudad está rodeada por el mar. ¡La ciudad debería llamarse Poseidón! Un gran nombre para una ciudad nueva en nuestra querida tierra.

ATENEA: Tal vez no, Poseidón. Veo que estás obsesionado con la idea de que la ciudad lleve tu nombre. Pero no creo que sea una buena idea. El mar puede ser incontrolable y furioso. La ciudad debería tener un nombre más tranquilo, como el mío y que, además, refleje mi elegancia. Yo soy la diosa de la sabiduría. La gente en nuestra nueva ciudad necesitará ser sabia.

POSEIDÓN: ¡Eso es una tontería! Yo...

ZEUS: ¡Alto! Esta discusión solo traerá angustia. Poseidón, Atenea, ambos tienen fuertes sentimiento sobre este asunto. Ambos quieren que la ciudad lleve su nombre con buenas razones. Debo pensar. Necesito hallar la manera de decidir entre ustedes. Le pediré ayuda al trueno.

El pianista toca un acorde grave que representa al trueno.

ZEUS: Dioses y diosas, ¡no se alarmen! El trueno es muy sabio. Poseidón y Atenea, cada uno traerá un regalo para la ciudad. Mañana todos nos reuniremos aquí de nuevo y nos mostrarán lo que han traído. La ciudad llevará el nombre de quien traiga el mejor regalo.

DIOSES DEL OLIMPO: (*juntos*) ¡Buena idea! Traigan sus regalos. Mañana decidiremos.

ZEUS: Creo que es necesario que los ciudadanos vean los regalos de Poseidón y Atenea. Enviaré un arco iris para guiarlos hasta aquí.

DIOSES DE OLIMPO: ¡Sí!

¡Por supuesto!

¡Los ciudadanos deben estar de acuerdo!

¡Por supuesto!

¡Es justo!

¡Los ciudadanos deben ser consultados!

¡Los ciudadanos deben decidir!

ZEUS: Hasta mañana, entonces.

Escena dos

Los regalos de los dioses

NARRADOR: Al día siguiente, los ciudadanos y los dioses del Olimpo se reunieron en la colina.

CÉCROPE: ¡Bienvenidos! ¡Bienvenidos! ¡Siéntense! Zeus, ven, siéntate a mi lado. Es una hermosa mañana. Solo un poco de lluvia antes para formar tu arco iris. Ahora el sol brilla <u>intensamente</u>. Es un buen día para decidir el nombre de nuestra nueva ciudad.

ZEUS: Saludos a todos. Dioses, diosas y ciudadanos... Estamos aquí para ver los regalos que Poseidón, dios del mar, y Atenea, diosa de la sabiduría, han traído para nuestra ciudad. Poseidón presentará su regalo primero. ¡Bienvenido, Poseidón!

Poseidón da un paso adelante y se inclina. Todos aplauden.

Detective del lenguaje	Indica si la palabra subrayada es un adverbio de tiempo o de modo. Explica cómo lo sabes.

POSEIDÓN: Poseo grandes poderes. ¡Vean la magia que sucede cuando golpeo esta roca con mi tridente!

Poseidón avanza y golpea una roca grande y luego se vuelve para mirar a los ciudadanos.

¡Miren cómo el agua sale de la roca! ¡Ciudadanos de la nueva ciudad, les traigo una fuente de agua permanente! Sus cultivos nunca más se secarán ni morirán bajo el ardiente sol de verano. Nunca tendrán sed. Este regalo es un milagro. ¡Es lo que la ciudad necesita!

CIUDADANO 1: Poseidón, una fuente permanente de agua es un milagro. ¿Dices que es agua fresca?

POSEIDÓN: ¡Por supuesto! Es agua fresca y cristalina. ¡Pruébenla ustedes mismos!

CIUDADANO 1: ¡Esta agua tiene un sabor horrible! ¡Es salada, como el mar!

CIUDADANOS: *(saboreando el agua)* ¡Puaj!

¡Espantosa!

¡Fea!

¡No podemos beber esta agua!

CIUDADANO 1: Poseidón, no podemos beber agua de mar. ¡No! ¡No! ¡Esto no servirá! Esta agua no es un regalo adecuado para nuestra ciudad.

Los ciudadanos niegan con la cabeza y vierten el agua de las jarras.

CÉCROPE: ¡Realmente no servirá!

ZEUS: Poseidón, tu poder como dios del mar es muy fuerte. ¡Golpea la roca de nuevo y detén el flujo de esta agua salada de inmediato!

Poseidón golpea la roca. Luego sale del escenario enojado.

CIUDADANOS: ¡Atenea! ¡Atenea! ¡Queremos a Atenea!

ZEUS: Atenea, ven y muéstranos tu regalo.

Atenea se para frente a los ciudadanos, dioses y diosas. Todos esperan expectantes.

ZEUS: (*confundido*) ¿Dónde está tu regalo, Atenea?

Atenea abre la mano cerrada como una envoltura que guarda una semilla de olivo. Se vuelve para mirar a los ciudadanos.

ATENEA: Aquí está mis queridos ciudadanos. Esta semilla es mi regalo para la ciudad. Esto les dará comida y aceite para cocinar. Esto les dará leña para calentarse en invierno. Todo esto es necesario para una buena vida en nuestra nueva ciudad. Observen mientras planto esta semilla.

Los ciudadanos, dioses y diosas se reúnen alrededor de Atenea mientras planta la semilla en el suelo.

ATENEA: ¡Miren cómo crece la semilla! ¡Cómo despegan sus ramas como alas!

Un olivo de utilería aparece en el escenario.

DIOSES Y DIOSAS: ¡Es un milagro!

CIUDADANOS: ¡Increíble!

Todos aplauden.

CIUDADANO 1: Este es el regalo que necesitamos. Traerá riqueza a nuestra ciudad. Atenea, nombraremos la ciudad en honor a ti.

CIUDADANOS: ¡Atenea! ¡Atenea! ¡Atenea!

ZEUS: Nuestro problema está resuelto. Los dioses y diosas están satisfechos. Los ciudadanos han hablado. Cécrope, anuncia el nombre de la nueva ciudad.

CÉCROPE: Atenea, esta es una gran recompensa por traernos este regalo. Nuestra nueva ciudad se llamará Atenas. Construiremos magníficos templos a su alrededor y te honraremos con tesoros. Haremos celebraciones. Te honraremos, diosa de la sabiduría, que has dado el nombre a nuestra ciudad. (*Cécrope anuncia*). ¡Atenas! ¡Nuestra nueva ciudad se llamará Atenas!

CIUDADANOS: (*bailando*) ¡Atenas! ¡Un gran nombre para una nueva ciudad!

Atenea hace una reverencia y todos aplauden.

Detective del lenguaje	Indica si la palabra subrayada es un adverbio de lugar o de cantidad Explica cómo lo sabes.

Respuesta a la lectura

Resumir

Usa detalles del texto para resumir *Cómo Atenas obtuvo su nombre*. Usa la tabla como ayuda.

Detalle
↓
Detalle
↓
Detalle
↓
Tema

Evidencia en el texto

1. ¿Cómo sabes que *Cómo Atenas obtuvo su nombre* es un drama y un mito? Nombra dos características de este tipo de texto. GÉNERO

2. ¿Qué pensaron los ciudadanos del regalo que eligieron Poseidón y Atenea? TEMA

3. Busca la palabra *poderoso* en la página 4. ¿Cuál es la raíz de la palabra? ¿Cuál es su significado? RAÍCES DE PALABRAS

4. Escribe otra versión de la historia en la que Poseidón sea el ganador. ¿Qué sería diferente? ESCRIBIR SOBRE LA LECTURA

Género **Cuento de hadas**

Compara los textos

Lee sobre un duende que ayuda a los animalitos del bosque.

La casita del duende

—¡Cómo se divierten los animales aquí! —dijo el duende al llegar al bosque por primera vez.

En ese bosque, las tardes eran cálidas y soleadas durante todo el año. Entonces, después de la hora del almuerzo, los animales jugaban y cantaban muy contentos. Pero ese día, el duende no pudo jugar mucho con los animales porque tenía que construir su casita.

El duende buscó a los animales. Quería festejar con ellos porque había terminado de construir su casita. Miró por aquí y por allá. Todos estaban abrigados de pies a cabeza.

Los animales le contaron al duende que algunas noches eran muy frías en el bosque. Los animales dormían con guantes. Con gorros, orejeras y bufandas. Con abrigos y frazadas. Con bolsas de agua caliente, estufas y medias de siete colores.

Entonces el duende volvió a su casita recién construida. Dio tres aplausos y dijo:

—Casita de uno, casita de todos.

Los animales vieron sorprendidos cómo se transformaba la casita. Crecía hacia arriba, hacia los costados y hacia abajo. El duende seguía aplaudiendo y correteando por la casita. La casita se llenaba de habitaciones nuevas y cómodas. Y en cada habitación, había un hermoso hogar con la leña encendida.

Luego, el duende invitó a todos los animales a pasar la noche en esa casa maravillosa. Por la mañana, la recorrió y aplaudió hasta que la casita volvió a ser pequeña y sencilla.

Ahora, cada vez que se acerca una noche fría, el duende aplaude y hace crecer su casa para albergar a todos los animales del bosque. Todos están muy felices. Toman un chocolate caliente antes de ir a dormir y otro chocolate caliente cuando se despiertan.

¿? Haz conexiones

En "La casita del duende", ¿cómo ayuda el duende a los animalitos del bosque? PREGUNTA ESENCIAL

¿En qué se parecen Atenea y el duende? EL TEXTO Y OTROS TEXTOS

Enfoque: Género

Drama Un drama es una historia escrita para ser representada en lugar de ser leída. Las personas que actúan en un drama se llaman actores. Los decorados le muestran a la gente dónde transcurre la acción. Los elementos de utilería, como el olivo en *Cómo Atenas obtuvo su nombre,* ayudan a que la historia cobre vida.

Lee y descubre Los nombres de los personajes en *Cómo Atenas obtuvo su nombre,* están escritos en mayúsculas y en negrilla. El nombre del personaje está separado por dos puntos de las palabras que dice. Las acotaciones están escritas en cursiva e indican a los personajes qué deben hacer.

Tu turno

Imagina si Apolo, el dios del Sol, también hubiese participado en el concurso. ¿Qué regalo podría haber ofrecido? Escribe otra escena para *Cómo Atenas obtuvo su nombre*. Recuerda que debes usar las características del texto para mostrar qué personaje habla, qué dice y qué hace.